Miracle

Zeichnungen:
Mika Sakurano

Original:
Nikki Inc.

Miracle Nikki
Charaktere & Was bisher geschah
Nikki
Sie mag es, Outfits zusammenzustellen. Königin Nanari hat sie nach Miraland gerufen.
Momo
Freund von Nikki. Er hat eine Vorliebe für Grillfleisch.

Bobo
Freundin von Nikki. Immer fröhlich und gut gelaunt.

Lunar
Freundin von Nikki und hübsche Designerin.

Royce
Prinz von Lilith Kingdom. Hat ein Auge auf Nikki geworfen.

Nanari
Königin von Lilith Kingdom. Sie hat Nikki nach Miraland gerufen.

Nidhogg
Premierminister von Lilith Kingdom. Gebürtig aus dem North Kingdom.

Kimi
Stylistin und Nikkis Vorbild.

Was bisher geschah

Die junge Nikki liebt Mode und träumt davon, Stylistin zu werden. Eines Tages wird sie von Königin Nanari nach Miraland gerufen. Es ist eine wundersame Welt, in der alle Angelegenheiten durch Styling-Wettbewerbe entschieden werden. Sie lernt dort einzigartige Freunde kennen und ihre Begeisterung für Mode wächst stetig.
Doch dann kommt es zum Staatsstreich durch Nidhogg und das Lilith Kingdom stürzt ins Chaos. Als Nikki erfährt, dass auch das Cloud Empire überfallen wurde, macht sie sich auf den Weg, um Lunar zu helfen. Wird Nikki diese Welt vor dem Untergang bewahren können …?

Inhalt

11.
Kapitel

»Danke, Nikki ...
Du bist immer für mich da.
Du hast mir schon so oft geholfen.«

Lunar!!

Eigentlich hatte ich geschworen ...
... keinen Krieg anzuzetteln, wenn ich nur ein Top-Stylist werden könnte ...
Aber ...
... aus diesem Vorsatz wird wohl nichts ...

SWUSCH
Lunar!!

Lunar!!
Nein! Lunar!!
Nikki ...?
Es wird alles wieder gut ...
Ich verbinde die Wunde sofort ...
Es tut mir leid ...
... dass ich ...
... mein Versprechen nicht halten konnte ...

Luna
Sag nichts …
Ich habe eine Bitte …
Du …
… musst unser aller Traum …
… wei-terleben lassen.

Das darf nicht sein ...
Nein ...

Lunar ...
Lunar, steh auf. Miau. Mach doch die Augen auf, Lunar!!
Waah ...
Lunar!!
Soldaten von Moonlit City! Der heutige Tag ...
... ist zum Tag der Schande für uns geworden!

Nicht der Fall von Moonlit City ist die Schande.
Unsere Schande besteht in unserem Versagen, diesen niederträchtigen Angriff der Streitkräfte auf den Frieden nicht abgewehrt ...
... und so die Welt in den Abgrund eines Krieges gestürzt zu haben!!
Für Moonlit City hat Lunar sich ...
... tapfer Nidhogg entgegengestellt ...
... und dafür heute ihr Leben geopfert.
Die Rückeroberung von Moonlit City wird sicher mit schweren Verlusten einhergehen.
Aber am Ende wird das Gute das Böse besiegen!
Lunars Seele wird für immer mit uns sein!!

Nidhogg, du skrupelloser Halunke!!

Du Mörder!!

Du hast deinen heiligen Eid gebrochen! Diese Wahrheit lässt sich nicht verbergen!!

Ich habe keine Zeit, mich mit euch zu befassen.

Moonlit City steht nun unter der Herrschaft meines Heeres.

Ihr solltet euch unverzüglich zurückziehen.

Noch habt ihr Zeit dazu.

Was soll das heißen?! Miau!
Du wärst im Stande, den Rest der Leute hier im Palast auch noch umzubringen, wie?!
Nikki, du auch! Lass es sein ...
Nikki, sei vernünftig!!
Die Menschen von Miraland dürfen nicht zu Waffengewalt greifen.
Das ist der heilige Eid, der uns seit Generationen auferlegt ist.

Es heißt, dass der jenige, de zur Waff greift ...
... von Schmerzen geplagt wird.
Nidhogg müsste also zurzeit durch diese Schmerzen geschwächt sein.
Wenn wir sofort zuschlagen, können wir ihn vielleicht stürzen!
...
Nikki, was ist los mit dir?
Ich dachte, dass in dieser Welt jedwede Streitigkeiten anhand von Styling-Wettbewerben entschieden würden ...
Wieso konnte es dann zu diesem Blutbad und Tod kommen?

Der Grund, weshalb wir alle Streitig-keiten anhand von Styling-Wettbewerben austragen, ist ...
... weil uns im Mo-ment unserer Geburt ein Blutschwur auferlegt wird.

Diejenigen,
die zu Waffenge-
walt greifen, über-
kommt ein Fluch
und sie erleiden
unvorstellbare
Schmerzen.

Seit alters her dient dieser Blutschwur ...
... den Menschen hier als Garant für den Frieden.
All die prächtigen Styling-Wettbewerbe ...
... die jeden Tag ausgetragen werden ...
Ich konnte nicht ahnen, dass das der Grund ist ...

Ein Frieden, bei dem die Entscheidungs-freiheit geopfer und durch eine Blutschwur er-setzt wird ...
Das ist ein falscher Frieden.
Das stimmt nicht!!
Designer und Stylisten kämpfen um Ruhm ...
... und beweisen sich Tag für Tag in Styling-Wettbe-werben.
All diese Regeln sind doch dazu da, das Streben nach dem Schönen und die Verwirk-lichung von Träumen zu fördern!
Das ist kein falscher Frieden!!
Bei den Battles findet man unterwegs Freunde und wächst an den Geg-nern.
Was ist mit der Freude, die man bei einem Sieg im Battle empfindet?!
Wie kannst du da sagen, es sei ein falscher Frieden?!

Und was war, als du in Lilith die Designer-Ehrenmedaille erhalten hast?!
Willst du mir wirklich sagen, dass du unter diesem angeblich falschen Frieden ...
... keine Freude empfunden hast?!
Bobo ...
Nikki, Lunar hat bei der Verteidigung von Moonlit City ihr Leben verloren.
Das darf nicht umsonst gewesen sein.

Ob falscher Frieden oder nicht ...
... spielt jetzt keine Rolle.
Aber die gemeinsame Zeit mit Lunar werde ich nicht vergessen.
Auch wenn Lunar nicht mehr bei uns ist, ihr Andenken bleibt.
Die Menschen, die Lunar unter Einsatz ihres Lebens beschützen wollte ...
... werde ich jetzt beschützen!!

Hm. Wirklich bewundernswert.
Ich zolle dir Respekt für deinen Mut.
Du sollst deine Chance erhalten, mich herauszufordern.
Ich wusste ...
... dass Nikki nicht so einfach aufgeben würde!!
Lass uns einen Battle austragen!
Gewinnen kannst du zwar nicht gegen mich ...
.. aber ich nke, die Einht, sich aus er Schlacht, du nicht genen kannst, ückzuziehen rd eine gute ktion sein.
Nidhoggs Schwert ...
... ist vermutlich das »Dark Verdict«.
Es verringert die Bewertung des Gegenübers ...
... um 10.000 Punkte.

10.000 ...
Wie bist du an dieses legendäre, wertvolle Schwert gekommen?
Wer hat dir dabei geholfen, Nidhogg?
Sicher hast du mit einem zwielichtigen Dieb, der sein Handwerk versteht, gemeinsame Sache gemacht, stimmt's?
...
Du hinterhältiger Schuft ...
KNIRSCH
Damit kommst du nicht durch!
Freunde von Lunar!
Ich danke euch, dass ihr uns zu Hilfe gekommen seid.
Aber Widerstand hat jetzt keinen Zweck mehr. Seht zu, dass ihr schnell von hier wegkommt.

Die Bürger von Moonlit City werden die Niederlage akzeptieren ...
... und sich in ihr Schicksal fügen.
Ich möchte euch nicht unnötig mit hineinziehen.
Aber ...
... ich will nicht nfach so ufgeben.
Mit ...
... ihrem Schwert werde ich ...
TSCHAK

Nic
hog

Ich fordere dich zum Kampf heraus!!

ZING

Hm ...

Die Iron
Rose?!

KLACK
KLACK
Das glaub ich ja nicht …
Aus-gerechnet jetzt …
Verdammte Bande!
Ihr wollt euch wohl den Kriegsausbruch zunutze machen und die Stadt plündern! Miau.

Ist aber nicht nett, so was zu sagen.
Wo wir doch gekommen sind, um euch zu helfen.
Eh ...?
Offenbar kommt ihr ganz gut allein zurecht.
Aber Prinzessin Elle hat uns aufgetragen, euch in Sicherheit zu bringen.
Wobei ich mich allerdings frage, was sie an euch findet ...
...
Prinzessin Elle wird schon ihre Gründe haben.
!!
Was ist mit ihr passiert?

Kame etwa Wa zum Ei satz?
Prinzessin Elle besitzt wahrlich die Gabe der Voraus- sicht.
Sie hat vorausge- sagt, dass Nidhogg et- was im Schilde führt und einen Krieg anzet- teln würde.
Aber ...
... dass du tatsächlich so weit gehen würdest und die Schmerzen des Fluchs auf dich nimmst, hätte ich nicht ge- dacht ...
Die Iron Rose ...
Ihr seid nichts weiter als die Schoßhünd- chen von Prin- zessin Elle.
KLACK

Die sieben Nationen lebten 600 Jahre lang in Frieden miteinander.

Es gab niemanden mehr, der Gewalt angewendete.

ZACK

Als Hüter über die frie liche Ordnu erklärt dahe das Pigeo Kingdom ..
... der Tyre Coalition heute offiziell den Krieg.

Die Iron Rose und Prinzessin Elle ...

... sind
auf ein-
mal Ver-
ündete?

Ende 11. Kapitel

12.
Kapitel

Was denn?! Ist Prinzessin Elle des Palastlebens und Friedens überdrüssig geworden ...
... und will nun in den Krieg ziehen?
Meine Armee wird ihr schon zeigen ...
... was wahre Werte und Ordnung sind.
Diese unangebrachte Aussage über unsere Herrscherin ...
... werden wir nicht vergessen.

Hey, Kleine!
WUPP
DOMP
!!
Damit lässt sich die Wirkung von Nidhoggs »Dark Verdict« abwehren.
Mit dem »Dawnblade« …
Versuch's mal damit.
… kannst du Nidhoggs Schwert unschädlich machen.
Genau …
Alles in Ordnung, Nikki?
Ja …

Nidhogg, ich fordere dich noch einmal zum Kampf heraus.

Das »Dawnblade« befand sich also im Besitz der Iron Rose ...
Prinzessin Elles Spürhunde leisten ihr gute Dienste.
...
Nun denn.
Alle Soldaten des Cloud Empires haben genau eine Stunde, um sich freiwillig aus der Stadt zurückzuziehen.
Meine Männer werden euch nicht verfolgen.

!!
Nikki, wir müssen gehen ...
Und Lunar ...?
Wir nehmen sie mit.
Vielen Dank, dass du versuchst, uns zu helfen.
WUPP
Dein Frauchen ist da drüben.
So weit kommt es noch, dass ich mit den Halunken der Iron Rose mitgehe!!

Sei unbesorgt.
Prinzessin Elle hat uns befohlen, für eure Sicherheit zu garantieren.
Wir sind diesmal also auf derselben Seite.
Moonlit City ist gefallen. Es ist hier zu gefährlich.
Wir müssen tun, was sie sagen.
Herr Oberst, warum lassen Sie sie entkommen?!
Ich habe meine Gründe. Misch dich nicht ein.

Herr Oberst!!
Möchten Sie nicht lieber ein Mittel gegen die Schmerzen des Fluchs?
Nein. Kümmern Sie sich nicht um mich.

Argh ...

Der Fluch beginnt zu wirken.
Mir war bewusst, dass die Schmerzen kommen würden.

Stellen Sie sofor eine Briga de zusam men.
Ver-schaffen Sie sich einen überblick und sichern Sie die Ordnung in Moonlit City.
Zu Befehl!!

Bilde dir bloß nichts darauf ein, Kleine.
Er hat uns nur gehen lassen, weil er durch den Fluch geschwächt ist.
Deine Styling-Fähigkeiten ...
... reichen vielleicht gerade an meine heran.
Sagt die, die mehrfach unterlegen war ...
...
Ich ... konnte Lunar nicht helfen ...
Und ich wollte mit meinem Styling-Talent alle glücklich machen.
Dabei konnte ich noch nicht mal meiner Freundin helfen ...

Hast du dir diese Welt denn wirklich so einfac vorgestellt un geglaubt, alles lie sich durch eine Wettstreit des Sc nen in den Stylin Wettbewerben klären?

Du bist vielleicht naiv.

Du kannst ja nicht mal auf dich selbst aufpassen.

Ohne die Hintergründe zu kennen ...

... hab ich mir in den Kopf gesetzt, diese Welt zu verbessern.

Prinzes-sin Elle hatte Nidhoggs Plan längst durch-schaut.
Deshalb hat sie uns losgeschickt, um Kostbar-keiten zu stehlen.
Mit diesen Materialien hat sie dann ein mächtiges Kleid ange-fertigt.
Sie beab-sichtigt, Nidhogg damit gemäß den geltenden Regeln in einem Styling-Wettbewerb zu besiegen.

Dann ist sie also gar keine habgierige Schurkin, miau?!
Allerdings war Nidhogg auch nicht untätig.
Er hat Sofia als Diebin engagiert, um für ihn Schätze zu beschaffen.
Aber wieso Sofia?
Sie ist doch Schauspielerin!
In Wahrheit ist sie eine Diebin.
Sofia soll eine Diebin sein ...?
Und jetzt, wo Moonlit City erobert wurde ...
... fallen ihr zahllose Schätze des Cloud Empires in die Hände.

...
Und hier kommt ihr ins Spiel. Für eure Rettung könnt ihr euch revanchieren ...
... indem ihr mit uns kooperiert.
Etwa mit den Methoden der Iron Rose? Miau!
Von Raub war nicht die Rede. Wie ihr an die Sachen gelangt, ist mir egal.
Wir wollen, dass ihr uns helft, die Schätze der anderen Nationen einzusammeln.

Eure Absichten sind mir egal.
Aber ich werde Nidhogg nicht so davonkommen lassen.
Und wenn ich mich so an Lunars Feind rächen kann ...
... dann arbeite ich eben mit euch zusammen.
Nikki ...
Ich werde nach Lilith zurückkehren ...
... und Prinz Royce von den Geschehnissen berichten.
Dann heißt es erst mal Abschied nehmen. Miau.

Pass auf dich auf, Nikki ...
Bobo.
Vielen Dank, dass du mich die ganze Zeit begleitet hast.
Bitte komm schnell wieder zurück.
Nun denn. Wir fliegen euch in die Republic of Wasteland.
Bringt uns deren Schatz.
Ich muss etwas tun.
Sonst werde ich von der Traurigkeit erdrückt ...

Das ist also die Republic of Waste-land ...
Ich habe gehört, dass es noch viele alte Siedlungen mit reicher Kultur gibt. Miau.
Falls wir unwissentlich eins ihrer Tabus brechen, könnte es für uns ge-fährlich wer-den. Miau.
Irgendwie macht mir dieser Ort Angst ...
Wollen wir uns nicht ein we-nig ausruhen, bevor wir ins Dorf gehen? Miau.
Ich bin müde ...
Da vorne ist eine Hütte.
Lass uns dort etwas ausru-hen.
KRIIE

Wer ist da?!
Uwah! Hier ist jemand. Miau.
Eh ...? Diese Stimme kenn ich doch ...
Kimi-san?!

Nikki?! Was machst du hier?
Kimi-san, was machst du hier?
Bist du etwa verletzt?!
PATAMM
Mit mir ist alles in Ordnung.
Aber Joe Brownie hat sich verletzt, als er mich beschützt hat.
Kommt erst mal rein.
Nikki.
Ihr kommt genau zum richtigen Augenblick.
Uns bleibt fast keine Zeit mehr.
Hör gut zu, was ich dir jetzt sage.

Die Apple Federation und die Tyre Coalition, die Nidhogg befehligt, haben eine Allianz geschmiedet.
Er sollte ins Cloud Empire einmarschieren.
!!
Aber die Apple ederation ist och deine Hei- nat, Kimi. Wie onnte es dazu kommen?
Das weiß ich nicht.
Ich vermute, dass es eine Abmachung gibt, nach der Wertgegenstände des Cloud Empires an die Apple Federation fließen sollen.
Die Apple-Federation-Modegruppe konnte da wohl nicht Nein sagen.

Aber ich wollte nicht mit Nidhogg kooperieren.
Deshalb hat Joe Brownie mich aus der Apple Federation in Sicherheit gebracht.
Jetzt verstehe ich.
Aber warum ein so entlegener Ort ...?
Die rechtmäßige Nachfolgerin der Gruppe ist ihnen entkommen.
Es gibt für sie keine größere Gefahr.
Ich bin sicher, sie tun alles, um sie ausfindig zu machen.
Könnt ihr uns nicht dabei helfen, Kimi zu beschützen?

Wir sollten hier erst mal eine Weile gemein-sam unter-tauchen.
Nein. Wir dürfen Nikki da nicht mit reinziehen.
Wir helfen dir gerne.
Ich ...
... weiß einfach nicht, was ich jetzt tun soll.
Apple Federal, meine Arbeit ...
Ich habe alles ver-loren.

Kimi war stets so entschlossen.
Sie jetzt derart mutlos zu sehen macht mich traurig.
Aber
... das stimmt doch nicht.
Joe Brownie hat dich gerettet.
Und du lebst, Kimi.
Es könnte also schlimmer sein.

Es ist noch nichts verloren!
Und wir sind doch auch noch da!!
Nikki ...
Lasst uns einen Styling-Wettbewerb für das gnädige Fräulein veranstalten!
Die schönen Kleider werden ihre Stimmung bestimmt aufhellen.
Kleider haben wir genügend mitgebracht.
Gute Idee.

... mich mit dir zu messen, Kimi-san.
Du trägst immer erlesene Kleider.
Ich bin schon ein bisschen aufgeregt ...
Jetzt ist die Gelegenheit, dass der Zauber der Mode seine Wirkung tut ...
Wie wäre es mit einem Wasteland-Styling, um auf andere Gedanken zu kommen?
Ein Outfit für ein fröhliches, hübsches Mädchen.
Wow! Das würde ich gern an dir sehen, Kimi-san!

Wow! Wie nied-lich!
Darin kommst du ganz anders rüber als sonst. Miau.

Das macht Spaß. Danke.
Ich freue mich, einen Styling-Wettbewerb mit dir auszutragen ...
... Nikki.
Mode ...
... ist wirklich etwas Großartiges.

Allein durch das Wechseln der Kleider ...
... verbessert sich die Stimmung.
Die Freude, die die Mode uns schenkt, möchte ich mit möglichst vielen Menschen teilen.
Und dazu brauche ich die Modegruppe.
Ich hoffe, dieser Krieg ist bald vorüber ...
... und dann hole ich mir die Apple-Federation-Modegruppe zurück.

Genau! Das ist die Kimi, die ich kenne!!
Das macht Spaß! Miau.
Ich bin froh, dass es Ihnen jetzt bes-ser geht.
Dann werde ich mich nun auf den Rückweg nach Apple Federal ma-chen.
Ich muss Ihren Vater informieren, dass es Ihnen gut geht.
Joe Brown ...
Vielen Dank, dass du die Gefahr auf dich genom-men und mich in Sicherheit gebracht hast.
Gnä-diges Fräu-lein ...
Ich werde immer an Ihrer Seite sein.

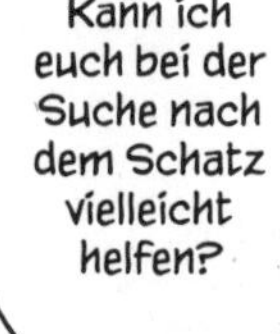

Wenn du uns hilfst, kann ja nichts schiefgehen.

Dann lasst ur erst ma ins Dor gehen.
Oh, ich kann fröhliche Musik hören.
Ich hab Hunger. Miau.
Bestimmt gibt es im Dorf Grillfleisch von frischem Wild ...
SCHWANK
Miau!
KICK
FLOM
Wer ...
... seid ihr?

e 12. Kapitel

13.
Kapitel

Bitte beruhigt euch.
Von uns geht keinerlei Gefahr aus.

Ihr ...
... kommt aus einem fremden Land, oder?

Ja.
Wir sind mit einer Bitte zu euch gekommen.
Wisst ihr, dass Nidhogg einen Krieg angezettelt hat?

Ich möchte, dass ihr mir euren Schatz übergebt.

Prinzessin Elle aus dem Pigeon Kingdom benötigt ihn ...

... um ein Kleid anzufertigen, das Nidhogg besiegen kann.

...
Warum ...?
Die Schurken von der Iron Rose ...
... haben in der Vergangenheit unser Dorf überfallen und ausgeraubt.
Mit solchen Leuten kooperieren wir nicht.
Tja, das haben sie nun von ihrer Brutalität.
Kein Wunder. Miau.

Nikk
Ich glaube, uns bleibt nur der Weg über einen Styling-Wettbewerb.
...
Dann ...
... lasst uns das in einem Wettbewerb entscheiden.
Das Motto lautet »Gewand einer erfahrenen Magierin«!
Du bist wirklich großzügig, Nikki ...
Sehr nett von dir, ein Motto zu wählen, mit dem die Dorfbewohner etwas anfangen können.

FLÜSTER
Das Motto lautet »erfahren«. Miau.
Ich glaub nicht, dass das der jungen Kimi liegt ...
Das hab ich gehört.
Miau!
Nikki ...
Darf ich das bitte übernehmen?
So weit weg von meiner Arbeit ...
... hätte ich große Lust auf einen Wettbewerb.
Außerdem würde ich mich gerne an dem schwierigen Motto versuchen.

Na, dann ...
... über-lasse ich es dir, Kimi-san!
Die Teilnehmerin aus Wasteland hat sich schon umgezogen. Miau.
Ihre hellbraune Haut glänzt. Das ist sehr sexy.
Ihr traditionelles Gewand einer mystischen Priesterin ist wie gemacht für das Motto einer Magierin ...
Als Nächstes ...

Wah ...
Wow! Ist das etwa Kimi-san?!
Sie eht aus, käme sie s einem auber-land. Miau.
Sie wirkt viel erfahrener und sieht faszinierend aus.
Das alles rmag das utfit zu reichen ...

Gorgeous, 32.357 Punkte.
Elegant, 19.964 Punkte.
32.357
.964

Die Siegerin ist Kimi!!

Yeah

Das war spitze, Kimi-san!

Das war ein Erdrutschsieg! Miau.

Ein solch seltenes Motto war eine erfrischende Erfahrung.

...

Unser Stamm mag die Kleidung fremder Länder.

Aller-
ings be-
ommen
ir sie in
unseren
Siedlun-
gen nur
elten zu
Gesicht.

Würdet ihr für jede ihr Lieblings-outfit zusammenstellen?
Natürlich!!
Sie mag das Outfit eines »hübschen Mädchens aus der Apple Federation«.
Kein Problem. Überlass das mir!
Wie wäre es zum Beispiel mit meiner neuesten Kreation?
Es ist uns eine Ehre, die Styling-Gewohnheiten anderer Länder bereichern zu können.

Hier
ist wie ver-
sprochen der
Schatz.

Ich hoffe, er ist euch eine Hilfe in eurem Vorhaben, den Krieg zu beenden.
Entschuldigt bitte unsere Unhöflichkeit zu Anfang.
Nicht doch ...
Vielen Dank!!
Ich bin froh, dass wir den Schatz jetzt haben.
Hoffentlich hilft er uns wenigstens ein bisschen dabei, Nidhogg aufzuhalten ...
KNISTER
KNISTER

Seit du der Iron Rose den Schatz übergeben hast, sind einige Tage vergangen. Miau.
Ich frage mich, was wir jetzt tun sollen.
Wie es ihnen danach wohl ergangen ist?
Kimi-san scheint sich hier richtig wohlzufühlen.
DODOMM
DODOMM
o sie doch entlich ein adtmensch ist ...

Der Krieg wird sich bald dem Ende zuneigen.
In unserem Dorf gibt es viele, die die alte Gabe der Ahnen besitzen.
Sie haben uns das Buch der Prophezeiungen hinterlassen.

Die Schrift hat vorhergesagt, dass es in Miraland trotz des Fluchs irgendwann zum Krieg kommen würde.
Aber es steht auch geschrieben, dass der Krieg durch die Hilfe eines Mädchens aus einer fremden Welt beendet wird.
Damit musst du gemeint sein, Nikki ...

Ich ...?!
Oh!
Eine Nachricht.
Hört alle her!
Hier steht, dass das Cloud Empire Moonlit City erfolgreich zurückerobert hat!!

Eh …
Wirklich …?
Juhu!
Jippie!!
Ich bin so froh …
Moonlit City ist wieder frei!!
Lunar …
Hier steht, dass das Heer einer anderen Stadt des Cloud Empires, tief betrübt über den Tod Lunars, Moonlit City gemeinsam mit der Iron Rose gestürmt hat.
Und dass die Befehlshaber der feindlichen Armee mithilfe der gesammelten Schätze in Styling-Wettbewerben besiegt werden konnten.

Das heißt, das North Kingdom hat auf Waffengewalt verzichtet, oder?
Letztendlich war bis auf Nidhogg niemand bereit ...
... die Konsequenzen des Fluchs auf sich zu nehmen.
Nidhogg befindet sich nun offenbar auf der Flucht.

Ich würde mir gern selbst ein Bild von der Lage in Moonlit City machen.
Ich möchte zurück ins Cloud Empire.

Wir gebe euch Boo
Vielen Dank für alles.
Bitte besucht uns wieder!
Vielen Dank für die Kleider.
Seid vorsichtig.

わああ
Waah!
Wie schön! Die Stadt ist wieder voller Leben.
Sieht
ach ei-
m unbe-
chwerten
est aus.
Ihr seid also zurückgekehrt.
Frau Bürgermeisterin.
Wir haben gehört, dass ihr geholfen habt, die Schätze ausfindig zu machen.
Vielen Dank.
Dank
euch ge-
ört Moonlit
y nun wieder
dem Cloud
Empire.

Ich bin so froh ...

Dank der Hilfe der Iron Rose ...

... wurden die Battles zum vollen Erfolg.

Lunar ...
Das ist alles, was von ihr übrig ist. Miau.

Lunar ...
Moonlit City ist wieder ins Cloud Empire heimgekehrt. Du kannst in Frieden ruhen.
Als Nidhogg mit Waffengewalt die Stadt gestürmt hat ...
... hat niemand aus Angst vor den Konsequenzen des Fluchs Widerstand geleistet.
Du warst die Einzige, die entschlossen gekämpft hat.

Du ...
... wirst für im-mer ...
... als Heldin in die Ge-schichte des Cloud Empires eingehen.
SCHLUCHZ
SCHLUCHZ
Ich hatte immer die Sorge ...
... dass meine Toch-ter eines Tages ...
. dieses chicksal ereilen würde.
Ist das Lunars Mutter ...?

Von klein auf hatte meine Tochter Gefallen daran, Kleider anzufertigen ...
»Sieh mal, Mutter! Ich habe einen neuen Rock geschneidert.«
»Sehr hübsch. Den werden sicher alle Mädchen im Cloud Empire haben wollen.«
»Mutter, ich ...
... würde gerne andere Länder bereisen.«
»Nein!! In anderen Ländern ist es gefährlicher als im Cloud Empire.
Das North Kingdom etwa ist kriegsliebend und sie schrecken nicht einmal vor Waffengewalt zurück.«
... mit kostbaren Materialien und Top-Designern und Stylisten in Berührung kommen muss ...
... um wahrer Schönheit nachspüren zu können.

Und dafür würde sie jeden Weg auf sich nehmen, sagt er.

Die weltbesten Designer haben die Macht, ein ganzes Land zu verändern.

Des- lb möchte ich ...

... unbedingt meinen Beitrag leisten ...

... und diesem Land Frieden bringen.«

Dummes Mädchen ...

Jetzt ist sie gestorben, noch bevor sie die Möglichkeit hatte, die weltbeste Designerin zu werden.

Alles war vergebens ...

»Du musst unser aller Traum ...
... weiterleben lassen.«

Der Krieg ist noch nicht vorbei.
»Aber es steht auch geschrieben, dass der Krieg ...
... durch die Hilfe eines Mädchens aus einer fremden Welt beendet wird.«
Ich habe Lunars Wunsch noch nicht erfüllt.

Aber ...

... es ist noch nicht vorbei.

Wenn es in meiner Macht liegt, den Krieg zu beenden ...

... muss ich irgendetwas tun!!

Es gibt ...
... noch etwas zu tun für dich.
Ich hab erfahren ...
... dass du ...
... von Königin Nanari hierhergerufen wurdest.
!!
Eh ...?
Was bedeutet das?
Ich war überrascht.
Aha ha ha
Aber es erklärt einiges.
Denn kein Einwohner von Miraland hätte gegen mich gewinnen können.

Wenn du nicht aus Miraland stammst ...
... lastet auch nicht der Fluch dieser Welt auf dir.
Der Befehl von Prinzessin Elle lautet ...
TSCHAK
Durch deine Hand ...
... soll Nidhogg zu Fall gebracht werden!
Ende 13. Kapitel

14.
Kapitel

Durch deine Hand ...
... soll Nidhogg zu Fall gebracht werden.
TSCHAK
Ich ...
... soll Nidhogg töten?
Nikki wurde aus einer anderen Welt hierhergerufen?
Was hat das zu bedeuten?!

Es tut mir leid, dass ich das bisher verschwiegen habe, Kimi-san.
Die Wahrheit ist, dass ich aus einer anderen Welt stamme und meine Heimat nicht Miraland ist.

Mach nicht so ein Ge- sicht.
Es spielt doch keine Rolle, aus welcher Welt du kommst. Du bist und bleibst Nikki. Für mich ändert das nichts.
Ich ... war nur überrascht und hätte mir gewünscht, du hättest es mir früher gesagt.
Ich hätte nämlich gerne von den Modetrends in deiner Welt erfahren.
Aber ...

Nikki allein auf zuerlegen ...
... Nidhogg zu erledigen, nur weil sie nicht von hier ist ...
... ist unfair, findest du nicht?
...
Wie wär's dann, wenn du an ihrer statt diese Aufgabe übernimmst, Fräulein?
Königin Nanari ...
... hat mich gerufen, um diese Welt zu retten.

Vielleicht ...
... bin ich genau für diese Aufga-be hergerufen worden.
Wo ist Königin Nanari?
Man hat sie noch nicht ge-funden.
Ich habe gehört, dass die Königin ...
... über große Zau-berkräfte verfügt.
Möglicher-weise sucht sie nach einer Mög-lichkeit, den Fluch von dieser Welt zu nehmen ...

Ich will nicht ...
... umsonst in diese Welt gerufen worden sein.
Außerdem ...
... möchte ich Lunar ihren Wunsch erfüllen.
Ich werde es versuchen.
Aber ich weiß nicht, ob ich mit diesem Schwert umgehen kann.

Wir tragen das ...
... anhand eines Styling-Wettbewerbs aus!
...
Meinst du, er lässt sich auf einen Styling-Wettbewerb ein?
Also gut.
Prinzessin Elle hat uns in Abschiedsgeschenk mitgegeben.
Es ist ein Kleid, das Pigeon viel bedeutet.
Sie sagte, du sollst es beim Battle tragen.
Vielen Dank.

Wohin hat sich Nidhogg eigentlich verkrochen?

Das konnten wir nicht rausfinden ...

Aber ich glaube, er kann noch nicht weit sein.

Er ist mit hoher Wahrscheinlichkei auf dem Weg in seine Heimat.

In der Küstenregion an der Grenze zwischen dem Cloud Empire und North Kingdom liegt ein geheimnisvoller Schatz verborgen.

Ich wette, dass er sich diesen Schatz unterwegs auf jeden Fall unter den Nagel reißen will.

Ich frag mich, ob i gewinner kann ...

'Tschuldigung ...
Ich müsste kurz mal shoppen gehen ...
Dieser Laden hat die größte Auswahl ...
... an multinationaler Kleidung im ganzen Cloud Empire.

Wie süß ...
Es ist lange her, dass ich so viele schöne Kleider auf einmal gesehen hab.
Dieses Design gefällt mir.
Mal sehen, welche Marke das ist.
Ich glaub nicht, dass es ein Kleidungsstück gibt ...
... das mehr Punkte holt als das Kleid von Prinzessin Elle ...
Stimm
Das Shoppen dient auch weniger de
Battle ...
... sondern mehr dazu, sich am Anblick der Kleider zu erfreuen und die Lust daran wieder zu erwecken ...
Denn Kleider sind dazu da, die Menschen zu erfreuen, sie hübscher ...
... und glücklicher zu machen.

Nikki!
Bobo!!
Royce ...
Ich hab gehört, was passiert ist, und hab mich sofort auf den Weg gemacht.
Zum Glück noch rechtzeitig ...
Sei vorsichtig.
Du sollst wissen, ass das ith King- om alles un wird, n dich zu eschüt- zen.
Mute dir nicht zu viel zu.
Danke, Bobo ...
Danke ...
... Royce.
Das ist für dich.

Es ist etwas ganz Besonderes.
Ich hoffe, es hilft dir beim Kampf.
Bitte nimm auch mein Lieblingsaccessoire an!
Vielen Dank ...
Ich freu mich sehr.
Nikki ... Ich möchte dir auch etwas geben.
Es ist ein Stück, das ich entworfen habe.
... als dich diesmal auch zu unterstützen.
Das ist mein geliebter Make-up-Koffer.
Ich glaube zwar, du bist dafür noch in bisschen zu klein, aber gut.
Vielen Dank ...

Wenn du erlaubst ...
... möchte ich dir gern as wertvollse Cloud Caico unseres Geschäfts geben.
Es gehörte meiner Tochter Lunar.
Sie hat dieses Accessoire wie einen Schatz gehütet.
Ich ...
... danke euch allen!!

All diese wertvolle Styling Accessoires
... die mir meine Freunde und ehemaligen Feinde gegeben haben ...
Seltsam ...
Ich sprühe schon vor Ideen ...
Ich muss mein Bestes geben, um mich für die Unterstützung zu bedanken!!
Hm
Ist das etwa ...
...
... von ihr ...?

Der Schatz ist nicht mehr da, Nidhogg.

Du schon wieder ...
Wo ist der Schatz?
Ich hab ihn versteckt.
Wenn du ihn haben willst, stell dich mir im Kampf.
...
Du bist unbelehrbar ...
TSCHAK

Ein Styling-Wettkampf!
Nur ich weiß, wo sich der Schatz befindet.
Wenn du mich tötest, kriegst du ihn nicht.
Aber wenn du mich im Styling-Wettbewerb besiegst ...
... gebe ich ihn dir.
Wenn ich dagegen gewinne ...
... beendest ...
... du diesen Krieg.

Sie sollten nicht darauf eingehen.
Wichtiger als der Schatz ...
... ist zunächst die Wiederherstellung der Ordnung im North Kingdom.
...
Nein, ich nehme an.
Was sie will, ist Rache.
Sie wird nie aufgeben und würde uns immer weiter verfolgen.
Ich habe das »Dawnblade«.
Dein »Dark Verdict« nützt dir also nichts.
Heh
Ich bin darauf sowieso nicht angewiesen ...

Ich werde dir zeigen ...
... was wahre Stärke ist ...
Das Motto lautet übrigens ...
... »Kriegsschauplatz«!
Ich warte in der nächstgelegenen Arena auf dich.
Nikki ...
Hier.
Prinzessin Elles Kleid ...
Gib in Bestes!

Ich denke zwar nicht dass du i diesem Klei verlierst ...
... aber nur für den Fall, dass doch ...
... be-nutz das Schwert ...
... um Nidhogg zu töten!
KLACK
SCHRECK
!!
Das ist Prin-zessin Elles Kleid ...
Ein solches Kleid hat sie also angefer-tigt ...

TACK
Er hat sich gar nicht umgezogen?!
Das wird ja ein Kinderspiel. Miau.

KLONK
Um mich der Ungerechtigkeit der Welt entgegenzustellen ...
... habe ich mich in Selbstdisziplin und Härte geübt.
Nein, ich fürchte nicht ...
Das sind die Stärken, die es braucht, um eine Revolution herbeizuführen!!
Nidhogg ...
514.350 Punkte!!

Ein Pferd als Styling-Item ...
Das ist das schneeweiße Schlachtross des North Kingdoms. Es heißt, es erscheint nur dem Besten der Besten in einem Battle ...
Und Nidhogg-sama* ist der Beste ...
* höfliche, geschlechtsunabhängige Anrede
Jetzt ist die Kleine dran ...
Kein Problem ...
Alles wird gut. Sie hat ja unser Kleid ...
Ist das ...
... Nikki?

Das Kleid sieht ja zombiehaft aus. Miau.
Das Gewicht des Kleids erdrückt mich!
Mir kommt es vor, als würde jedes einzelne Teil aut schrei- en ...
Sexy, 56.740 Punkte.
Gorgeous, 54.745 Punkte.
56.74
54.745
Wow, das ist eine hohe Punktzahl!
Die geraubten Materialien, aus denen das Kleid zusammengesetzt ist ...
... schreien um Hilfe.
SCHAK
Ich habe eine Stärke unterschätzt.

Pure ...
0

Was ...?!
0 Punkte?!
Nikki 341.269 Punkte.
Der Sieger ist Nidhogg.

WOW!
Eine totale Nieder-lage!!
Die Kluft zwischer unseren Fähigkeite ist unübe brückba
Sieh es endlich ein.
...
Na los, Kleine!

... ich ...

... diese Welt nicht rette, dann ...

Ende 14. Kapitel

15.
Kapitel

»Für den Fall, dass doch ...

... benutz das Schwert, um Nidhogg zu töten!«

Ich muss Nidhogg aufhalten!
Nur ich kann es tun ...
SWUSCH
!!
TSCHACK

Wusst ich's doch. Du bist zu schwach ...
...
Was tust du?!

Ich werde dir niemals vergeben ...
... dass du Lunar getötet hast.
Aber wenn ich Gleiches mit Gleichem vergelte ...
... würde ich die Menschen unglücklich machen ...
... denen du etwas bedeutest.
Und ich möchte nichts tun, was zu Unglück führt.
...
TAPP
TAPP

Warum muss der Krieg ...
... denn unbedingt weitergehen?
Du hast verloren.
Fang nicht wieder damit an.
Ich bin nicht in dieser Welt zu Hause.
Deshalb müsste ich mich eigentlich nicht an das Battle-System halten.
Aber ich werde nicht müde, es zu sagen ...
In der Welt, aus der ich komme ...
... war Kleidung da, um Wärme zu geben ...
... oder Stärke ...
... oder um sich ür jemanden hübsch zu machen, den man mag.

Bei allen Anlässen war Kleidung ein Verbünde-ter.
Und das war es, was ich an Kleidung so mochte.
Auch in dieser Welt ist die Kleidung ein Verbünde-ter.
Denn die Styling-Wettbe-werbe sind dazu da, den Frieden zu sichern.

Eine solche Scheinheiligkeit kann sich nur jemand leisten, der nicht von hier ist.
Die Styling-Wettbewerbe ...
... stellen ie Reichen nd Schönen den Vordergrund ...
... und die brigen werden chlecht behan-elt. Das ist die Wahrheit.
Wir sind von Geburt aus arm.
Wir haben keine Möglichkeit, an mächtige Kleidung zu gelangen.
Durch die Battles sind wir vieler Rechte beraubt worden ...
... und haben leidvolle Erfahrungen gemacht.
Nidhogg-sama setzt sein Talent ...
... für uns ein.
Seit er an der Macht ist ...
... hat er stets alles dafür getan, um diese Welt zu verändern.

Aber ...
... warum muss diese Veränderung durch einen Krieg herbeigeführt werden?
Dadurch werden nur noch mehr Menschen ins Unglück gestürzt ...
... die du eigentlich retten willst.
Wir sollten gemeinsam ...
... darüber nachdenken, ob es nicht einen anderen Weg gibt!
Einen Weg, bei dem uns die Kleidung wahrhaftig zum Frieden verhelfen kann ...

Einen solchen Weg gibt es nicht.
Und ich bin auch nicht gewillt, darüber nachzudenken.
Ich ...
... hatte nie ein Händchen für Kleidung.
Das ist nicht wahr!!

Yvette ...
Nikki und ihre Freunde haben mich hierhergebracht.
Yvette ist gekommen, um mir ein Accessoire zu geben.
Nach dem Staatsstreich war sie verschwunden.
Ich war froh, sie wohlauf wiederzusehen.

Damals als Premierminister ...

... haben Sie mich beschützt.

»Das ist deine letzte Aufgabe.
Geh so weit weg, wie du kannst ...
... und tauch unter.

Du bist nicht länger meine Sekretärin.
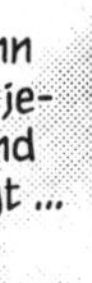
Wenn dich jemand fragt ...

... antwortest du, dass du mich nicht kennst.«

Es war ein Schock, als ich erfahren habe, dass der Premierminister einen Krieg angezettelt hat.

Ich war immer an Ihrer Seite ...

... und doch habe ich nichts geahnt ...

Aber dass Sie kein gutes Händchen mit Kleidern haben ...
... das kann ich nicht glauben.

Die-ses Klei haben Si doch für mich ent worfen.
»Ein so niedliches Kleid steht mir nicht!!«
»Was redest du da?«
Ich war seh froh da-rüber ...
»Gebildet, elegant ...
... und süß.
Das Design verkörpert all deine Stärken.
Sü...?!
... und es hat mir stets viel bedeutet.
Es kann dir gar nicht nicht stehen.«
Wenn Sie kein Händchen für Kleidung hätten ...
... hätten Sie kein Kleid schaffen können, das mir so große Freude bereitet hat.

Ich möchte ...
... noch einmal einen Styling-Wettkampf mit dir austragen.
!!
Ihr habt doch schon verloren.
Das ist erbärmlich.
Den letzten Wettkampf hab ich klar verloren.
Und den Schatz händige ich euch wie versprochen aus.
Aber diesmal soll es nicht um Sieg oder Niederlage gehen ...

Ich möchte ...
... einfach zum Spaß einen Wettkampf mit dir austragen!
Wozu soll das gut sein?

Aber wenn du so gern ver- lierst ...
... soll's mir recht sein.
Herr Oberst ...
Ich warte in der Arena auf dich.

Nikki ..
Hast du denn überhaupt noch Kleider?
Oder willst du das benutzten, was in der Umkleide rumhängt?
Um ehrlich zu sein ...
... hab ich, bevor wir hierherkamen, ein Kleid angefertigt.
Ich hatte wirklich Angst davor, mich mit Nidhogg zu batteln.
Aber als alle ...
... mir den Rücken gestärkt haben ...
... kam mir diese Idee.
Dasselbe Gefühl wie damals, als ich schüchtern war ...
... und Anschluss fand ...
... sobald ich mich hübscher anzog.
Und in diesem Moment durchströmte mich eine wohlige Wärme.

Kleidung hat mich immer beschützt.
Ich habe den Herrn Oberst ...
... noch nie ...
... in einem o hellen ufzug esehen ...
Das ist ...
... ein Outfit aus dem Lilith Kingdom ...

Weil ich kein gutes Händchen habe in Sachen Mode ...
... wollte ich das Battle-System abschaffen.
Darum bin ich Stylist geworden.
»Der Hauptpreis der Miraland Tea Party Styling Show geht an Nidhogg aus dem North Kingdom.
Herzlichen Glückwunsch.«
Aber ...
... tief in meinem Herzen ...
Heh

SCHAA
Jetzt ist Nikki an der Reihe ...
Nikki ...

Das ist ...
... das Kleid, das ich aus den Gegenständen angefertigt habe ...
... die ihr mir geschenkt habt.
Vielen Dank.

FLAPP
FLAPP

Das ist ...
... der Schatz, der eigentlich Nidhogg gehört ...
Aber der Schatz ...
... entscheidet sich für Nikki und fliegt ihr zu.
Nikkis Liebe für Kleidung ist einfach unübertroffen. Miau.
Das spürt jeder. Miau.
WOW!

!!
Das ist das Accessoire, das ich von Yvette bekommen habe.
Ich dachte ...
... es bringt mein Dekolleté in diesem Outfit noch schöner zur Geltung.

Für dieses Kleid ...
... hätte ich eine schwarze Schleife gewählt ...
... um ein wenig Lebendigkeit reinzubringen.

Das ...
... hat Spaß gemacht!
Also dann!
Lasst uns heute essen, trinken und fröhlich sein!

Nidhogg hat einen Großteil seiner Kampfkraft verloren ...
... und es herrscht Waffenstillstand.
Endlich kann ich mal durchatmen.
Lilith Kingdom ist wieder zu dem fröhlichen Ort geworden, der es vorher war.
Wie schön!!
Wie naiv ... Ihr habt Nidhogg davonkommen lassen.
Er wird nicht aufgeben.
Warum ist die Iron Rose eigentlich hier?! Miau!
Weil ihr den Sieg diesmal uns zu verdanken habt, oder nicht?
Da ist es doch nur recht, uns zu Essen und Trinken einzuladen.
Übrigens ...
Wir werden demnächst alle Nationen zu einem Treffen einladen.

Ich möchte Vorschläge unterbreiten ...

... wie man das System der Styling-Wettbewerbe gerechter gestalten kann.

Bestimmt ...

... wird dann bald wirklich Frieden herrschen ...

Nikki, ich danke dir von Herzen ...

... für das, was du für diese Welt getan hast.

Vielleicht weiß mein Vater einen Weg, dich wieder in deine Welt zurückzuschicken ...

Möchtest du zurück?

Nikki ...
Ich hab so viel erlebt ...
... und ich ...
... habe diese Welt und euch alle liebgewonnen.
Ich glaube, ich bleibe noch ein bisschen hier.
Nikki, ich bin so froh ...
Na ja, es fiele mir auch schwer, mich vom hiesigen Grillfleisch zu verabschieden. Miau.
Das heißt, wir haben noch viel Zeit.
Ich möchte morgen eine Ausstellung besuchen.
Wollen wir die Kleider dafür gemeinsam aussuchen?

Ja.
Ich bin gespannt, an welchen Kleidern ...
... sich morgen alle erfreuen können.
Ende 15. Kapitel

Nachwort
Dies ist der Abschlussband von Miracle Nikki.
Vielen Dank, dass ihr bis zum Schluss dabei wart!
Schon zu Beginn der Serie habe ich mir Gedanken
darüber gemacht, wie ich sie beenden kann. In der
App geht die Geschichte weiter und es war schwierig,
ein schlüssiges Ende für den Manga zu entwerfen. Fürs
Erste habe ich alles in vorliegender Form zusammengefasst.
Ich selbst freue mich auch darauf, zu erfahren,
wie die Geschichte sich in der App weiterentwickelt!
Die niedliche Sicht auf die Welt hat mir direkt gefallen, weshalb
mir das Zeichnen der Figuren und auch der Kleider großen Spaß
gemacht hat. Die Verarbeitung einer existierenden Geschichte zu
einem Manga war eine neue Erfahrung für mich, bei der ich viel
gelernt habe. Es wäre schön, wenn ich sowohl denjenigen, die zuerst
die App gespielt haben, als auch denen, die mit dem Manga einge-
stiegen sind, eine kleine Freude machen konnte! Lasst
uns alle Miracle Nikki weiterhin
treu bleiben!♪
Besonderer Dank
• an Kugetsu-sama, Takiyama-sama,
Y-sama (Leitung)
• an alle Designer & an die Redaktion
von Princess Comics.
• und an Nikki Inc.
Leserbriefe an: Akita Shoten Princess Comics
Editorial Department
Mika Sakurano
102-8108 Tokyo-to Chiyoda-ku
Iidabashi 2-10-8
Ende Miracle Nikki 3 / Abschlussband

Mika Sakurano

Das Cover des Abschlussbandes ist auch wieder sehr süß geworden!

Ich mag das »Song of Youth«-Festival, deshalb hat mir das Zeichnen total viel Spaß gemacht!

Miracle
Nikki

TOKYOPOP GmbH
Hamburg

TOKYOPOP
1. Auflage, 2021
Deutsche Ausgabe/German Edition

Aus dem Japanischen von Noreen Adolf

MIRACLE NIKKI volume 3

First published in Japan in 2019
by Akita Publishing Co., Ltd., Tokyo
German translation rights arranged
with AKITA PUBLISHING CO., LTD.
Through TUTTLE-MORI Agency, Inc., Tokyo
Original cover design: Tomoko Yamada (chichols)

Redaktion: Katrin Aust
Lettering: Vibrant Publishing Studio
Herstellung: Alina Kronenberg, Britta Philipp
Druck und buchbinderische Verarbeitung:
CPI–Clausen & Bosse GmbH, Leck
Printed in Germany

Wir achten auf die Umwelt.
Dieses Produkt besteht aus FSC®-zertifizierten und anderen kontrollierten Materialien.

ISBN 978-3-8420-6735-6

www.tokyopop.de